Nossa Senhora
da Cabeça

Mario Basacchi

Nossa Senhora da Cabeça

História e novena

Editora responsável: Celina H. Weschenfelder
Equipe Editorial

Citações bíblicas: *Bíblia Sagrada* –
tradução da CNBB, 2ª ed., 2002

Nenhuma parte desta obra poderá ser reproduzida ou transmitida por qualquer forma e/ou quaisquer meios (eletrônico ou mecânico, incluindo fotocópia e gravação) ou arquivada em qualquer sistema ou banco de dados sem permissão escrita da Editora. Direitos reservados.

4ª edição – 2010
8ª reimpressão – 2023

Paulinas
Rua Dona Inácia Uchoa, 62
04110-020 – São Paulo – SP (Brasil)
Tel.: (11) 2125-3500
http://www.paulinas.com.br – editora@paulinas.com.br
Telemarketing e SAC: 0800-7010081

© Pia Sociedade Filhas de São Paulo – São Paulo, 2006

Apresentação

A religiosidade popular, presente em todos os tempos e lugares, ainda se manifesta nas romarias e procissões. Individual ou coletivamente, as pessoas, com gestos e atitudes espontâneas, têm procurado comungar com Deus, inserindo-o na própria vida. Por meio da religiosidade, muitas vezes misturada com superstições, procura-se solução para as dificuldades de saúde ou dinheiro, para melhoria de vida e alcance de conquistas. Com as promessas e votos, as pessoas buscam os favores do céu. Como agradecimento, constroem-se santuários, igrejas e capelas, transformando-os em lugares santos.

Títulos são criados para homenagear os santos que intercedem a Deus para que seja concedida a graça solicitada. Nossa Senhora é invocada de diversas maneiras, e os títulos formam sua coroa e glória. Desde os tempos mais antigos, a ladainha lauretana a invoca com muitos títulos, os quais realçam seus privilégios e virtudes. A estes foram acrescentados outros, originados das aparições da Virgem Maria em todos os lugares do mundo, como Nossa Senhora de Lourdes, de Fátima, de Guadalupe, dos Navegantes, de Sion, de Nazaré, do Carmelo, Nossa Senhora do Monte da Cabeça...

Quando ela se manifestou nesta terra, escolheu pessoas humildes, especialmente camponeses e pastores. Transcorria o ano de 1227. João Rivas apascentava as ovelhas nas imediações do Monte Cabeça da Serra Morena (Espanha), quando lhe apareceu a Virgem Maria.

Um pouco de história

Desde o século VIII, os muçulmanos ocuparam a maior parte da Península Ibérica (Espanha e Portugal). A luta pela reconquista continuou durante sete séculos, até a tomada de Granada, último reduto dos mouros, em 1492.

Nas imediações da cidade de Andújar, na região da Andaluzia, Sul da Espanha, vivia um jovem pastor chamado João Rivas. Os mouros lhe cortaram o braço direito, provavelmente, por não renegar a fé cristã. Porém, seguindo os ensinamentos de Cristo e devoto de Maria Santíssima, soube perdoar-lhes e não guardou ressentimento. Levava uma vida simples e de oração.

Um dia, enquanto apascentava as ovelhas nas imediações do Monte Cabeça da Serra Morena, ouviu o som de uma campainha que vinha do penhasco. No início, pensou que se tratasse do sino da ovelha madrinha de outro rebanho, pois havia outros pastores por toda a encosta. Como o ruído se fazia cada vez mais insistente, resolveu aproximar-se daquele ponto. À medida que subia naquela direção, o som tornava-se mais nítido, e uma luz extraordinária envolvia todo o cume. Vencendo o medo e movido pela curiosidade, continuou. Próximo de uma gruta, ficou extasiado ao ver sobre as rochas uma belíssima Senhora e, ao lado dela, uma campainha que tocava sozinha.

Nesse momento, teve a intuição de estar diante da Mãe de Deus, a Senhora que invocava todo dia. Caiu de joelhos, continuando a olhá-la com um certo espanto. Nossa Senhora, com voz meiga, o tranqüilizou dizendo-lhe: "Não temas. Vai à cidade dizer a todos que é vontade de Deus que seja construído neste lugar um santuário, onde eu seja venerada e onde serão operados grandes prodígios".

O pobre pastor estava disposto a fazer tudo o que a Virgem Santíssima ordenara, mas estava receoso de que os habitantes de Andújar zombassem dele, achando-o visionário e mentiroso. Mais uma vez, Nossa Senhora o tranqüilizou, dizendo-lhe: "Vai, o testemunho de tuas palavras será o teu braço perdido, que eu te restituo". No mesmo instante, João Rivas sentiu o braço normal, como se nunca o houvesse perdido.

Chegando à cidade, exultante, transmitiu a mensagem da Virgem Santíssima. Mais do que ouvir suas palavras, ao ver o milagre, o povo acolheu a mensagem e iniciou a construção da igreja, que se tornou ponto de romarias e local de realização de inúmeros milagres.

O povo a escolheu como padroeira, e a igreja ficou conhecida como santuário de Nossa Senhora da Cabeça. Entre os prodígios que as crônicas do santuário registram, há o de um condenado à morte, que, na proximidade de sua execução, invocou Nossa Senhora da Cabeça, prometendo depositar aos pés de sua imagem uma cabeça de cera, caso recebesse a graça do reconhecimento de sua inocência e o perdão. Quando o cortejo da execução se encaminhava para cumprir a sentença, chegou um mensageiro do califa trazendo-lhe o perdão; o agraciado cumpriu a sua promessa. Talvez esse episódio possa levar as pessoas a confundirem o título dado a Nossa Senhora da Cabeça, o qual se originou, na verdade, do lugar da aparição de Nossa Senhora, o Monte da Cabeça, localizado na Serra Morena, região da Andaluzia.

Durante esta novena, peçamos a Nossa Senhora que todos os povos se reconheçam irmãos e parte do corpo místico, cuja cabeça é o Cristo, e que a paz e a fraternidade reinem em toda a terra.

PRIMEIRO DIA

Virgem Maria, a nova Eva

Em nome do Pai, do Filho e do Espírito Santo. Amém.

Santa Maria, imagem perfeita de Cristo Jesus, espelho de suas virtudes, atraí sobre nós o Espírito de Deus.

Oração inicial

Virgem Santíssima, vós sois a mulher anunciada e prometida no Gênesis. Aquela que deve esmagar a cabeça da serpente e reconciliar o céu e a terra. Sois o paraíso em que o novo Adão terá de plantar sua tenda para morar entre nós. Somos convidados a praticar o bem, embora o mal nos persiga de várias formas. Precisamos de vosso auxílio e proteção, ó querida mãe. Recorremos à vossa poderosa intercessão, certos de chegar convosco à vitória final. Amém.

Leituras bíblicas

"O Senhor Deus disse à serpente: 'Porque fizeste isso, serás maldita [...]. Porei inimizade entre ti e a mulher, entre a tua descendência e a dela. Esta te ferirá a cabeça e tu lhe ferirás o calcanhar'" (Gn 3,14-15).

"Cheio de raiva por causa da Mulher, o Dragão começou a combater o resto dos filhos dela, os que observam os mandamentos de Deus e guardam o testemunho de Jesus" (Ap 12,17).

"Eis a cabeça de Holofernes, o comandante-em-chefe do exército dos assírios! [...]. O Senhor o matou pela mão de uma mulher!" (Jt 13,15).

"E assim Davi venceu o filisteu com uma funda e uma pedra. Feriu o filisteu e matou-o, sem ter espada na mão. Em seguida, correu para o filisteu, parou perto dele, arrancou-lhe a espada da bainha e arrematou-o, cortando-lhe a cabeça" (1Sm 17,50-51).

Reflexão

Deus nos criou à sua semelhança. Nossos primeiros pais, Adão e Eva, desobedeceram aos projetos de Deus. Porém, ele prometeu que uma mulher resgataria a humanidade – Maria. Eva foi condenada pela desobediência, e Maria salvou-se pela obediência. A luta entre os filhos da luz e os das trevas continua. Amparados por Nossa Senhora, seguindo os conselhos evangélicos e observando os mandamentos de Deus, teremos a certeza da vitória final.

Louvemos a Deus

"Cantarei ao meu Deus um canto novo:
Senhor, tu és grande e glorioso,
admirável por tua força e invencível!

A ti sirvam todas as criaturas,
pois tu disseste e elas foram feitas;
enviaste o teu Espírito
e elas foram criadas,
e não há quem possa resistir à tua voz"
(Jt 16,13-14).

Oração final

Suplicantes, nós vos rogamos, Senhor Deus, que concedais a vossos servos a saúde do corpo e da alma. Pela intercessão gloriosa da Virgem Maria Santíssima da Cabeça, dai-nos hoje a graça de que tanto necessitamos (*fazer o pedido*). Que sejamos livres de todos os males e gozemos da eterna alegria. Por Cristo, Nosso Senhor. Amém.

Pai-Nosso, Ave-Maria e Glória-ao-Pai.
Nossa Senhora da Cabeça,
rogai por nós.

SEGUNDO DIA

A vocação da Virgem Maria

Em nome do Pai, do Filho e do Espírito Santo. Amém.

Santa Maria, imagem perfeita de Cristo Jesus, espelho de suas virtudes, atraí sobre nós o Espírito de Deus.

Oração inicial

Virgem Santíssima, vós sois a mulher anunciada e prometida no Gênesis. Aquela que deve esmagar a cabeça da serpente e reconciliar o céu e a terra. Sois o paraíso em que o novo Adão terá de plantar sua tenda para morar entre nós. Somos convidados a praticar o bem, embora o mal nos persiga de várias formas. Precisamos de vosso auxílio e proteção, ó querida mãe. Recorremos à vossa poderosa intercessão, certos de chegar convosco à vitória final. Amém.

Leituras bíblicas

"O Senhor disse a Abraão: "Sai de tua terra, do meio de teus parentes, da casa de teu pai, e vai para a terra que eu te vou mostrar. Farei de ti uma grande nação e te abençoarei: engrandecerei o teu nome, de modo que ele se torne uma bênção. [...] Em ti serão abençoadas todas as famílias da terra" (Gn 12,1-3).

"Maria disse: 'Eis aqui a serva do Senhor! Faça-se em mim segundo a tua palavra'" (Lc 1,38).

"Pai, se quiseres, afasta de mim este cálice; contudo, não seja feita a minha vontade, mas a tua!" (Lc 22,42).

Reflexão

Cada um de nós tem uma missão a cumprir. Maria consagra a Deus sua virgindade e é eleita mãe de seu Filho. Confiante na ação poderosa de Deus, Maria diz: "Eis a escrava do Senhor! Faça-se em mim segundo a tua Palavra". É importante aceitar sempre e em todos os lugares a vontade de Deus e seguir o caminho de Cristo Jesus.

Louvemos a Deus

"A minha alma engrandece o Senhor,
e meu espírito se alegra em Deus,
meu Salvador,
porque ele olhou para a humildade
de sua serva.
Todas as gerações,
de agora em diante,
me chamarão feliz,
porque o Poderoso
fez para mim coisas grandiosas"
(Lc 1,47-49).

Oração final

Suplicantes, nós vos rogamos, Senhor Deus, que concedais a vossos servos a saúde do corpo e da alma. Pela intercessão gloriosa da Virgem Maria Santíssima da Cabeça, dai-nos hoje a graça de que tanto necessitamos (*fazer o pedido*). Que sejamos livres de todos os males e gozemos da eterna alegria. Por Cristo, Nosso Senhor. Amém.

Pai-Nosso, Ave-Maria e Glória-ao-Pai.
Nossa Senhora da Cabeça,
rogai por nós.

TERCEIRO DIA

A Virgem Maria, mãe de Jesus

Em nome do Pai, do Filho e do Espírito Santo. Amém.

Santa Maria, imagem perfeita de Cristo Jesus, espelho de suas virtudes, atraí sobre nós o Espírito de Deus.

Oração inicial

Virgem Santíssima, vós sois a mulher anunciada e prometida no Gênesis. Aquela que deve esmagar a cabeça da serpente e reconciliar o céu e a terra. Sois o paraíso em que o novo Adão terá de plantar sua tenda para morar entre nós. Somos convidados a praticar o bem, embora o mal nos persiga de várias formas. Precisamos de vosso auxílio e proteção, ó querida mãe. Recorremos à vossa poderosa intercessão,

certos de chegar convosco à vitória final. Amém.

Leituras bíblicas

"José, Filho de Davi, não tenhas receio de receber Maria, tua esposa: o que nela foi gerado vem do Espírito Santo. Ela dará à luz um filho, e tu lhe porás o nome de Jesus, pois ele vai salvar o seu povo dos seus pecados" (Mt 1,20).

"Jesus é o resplendor da glória do Pai, a expressão do seu ser. [...] De fato, a qual dos anjos Deus disse alguma vez: 'Tu és o meu Filho, eu hoje te gerei?' Ou ainda: 'Eu serei para ele um Pai e ele será para mim um filho?'. E novamente, ao introduzir o Primogênito no mundo, Deus diz: 'Todos os anjos devem adorá-lo'" (Hb 1,3.5-6).

Reflexão

Maria deu à luz o Filho de Deus. Elevada acima de todas as criaturas, associa-se à obra da redenção e torna-se mediadora universal junto de seu Filho Jesus. A maternidade comporta alegrias, responsabilidades e sacrifícios. Toda mãe deve agir como Maria: confiar em Deus e agir sempre com dignidade.

Louvemos a Deus

"Bendito seja o Senhor, Deus de Israel,
porque visitou e libertou o seu povo.
Ele fez surgir para nós um poderoso
salvador na casa de Davi, seu servo,
assim como tinha prometido
desde os tempos antigos,
pela boca dos profetas:
de salvar-nos
dos nosso inimigos
e da mão de quantos nos odeiam"
(Lc 1,68-71).

Oração final

Suplicantes, nós vos rogamos, Senhor Deus, que concedais a vossos servos a saúde do corpo e da alma. Pela intercessão gloriosa da Virgem Maria Santíssima da Cabeça, dai-nos hoje a graça de que tanto necessitamos (*fazer o pedido*). Que sejamos livres de todos os males e gozemos da eterna alegria. Por Cristo, Nosso Senhor. Amém.

Pai-Nosso, Ave-Maria e Glória-ao-Pai.
Nossa Senhora da Cabeça,
rogai por nós.

QUARTO DIA

Maria e José fogem para o Egito

Em nome do Pai, do Filho e do Espírito Santo. Amém.

Santa Maria, imagem perfeita de Cristo Jesus, espelho de suas virtudes, atraí sobre nós o Espírito de Deus.

Oração inicial

Virgem Santíssima, vós sois a mulher anunciada e prometida no Gênesis. Aquela que deve esmagar a cabeça da serpente e reconciliar o céu e a terra. Sois o paraíso em que o novo Adão terá de plantar sua tenda para morar entre nós. Somos convidados a praticar o bem, embora o mal nos persiga de várias formas. Precisamos de vosso auxílio e proteção, ó querida mãe. Recorremos à vossa poderosa intercessão,

certos de chegar convosco à vitória final. Amém.

Leitura bíblica

"O anjo do Senhor apareceu em sonho a José e lhe disse: 'Levanta-te, toma o menino e sua mãe e foge para o Egito! Fica lá até que eu te avise, porque Herodes vai procurar o menino para matá-lo'. José levantou-se de noite com o menino e a mãe, retirou-se para o Egito e lá ficou até a morte de Herodes. Assim se cumpriu o que o Senhor tinha dito pelo profeta: 'Do Egito chamei o meu filho'" (Mt 2,13-14).

Reflexão

Diante das palavras do anjo, José, com sua família, foi para o Egito. Cabe ao pai dar proteção à esposa e aos filhos. Que o exemplo de perseverança da sagrada família perante os obstáculos da vida nos sirva como fonte de inspiração para superar as dificuldades e as preocupações.

Louvemos a Deus

"Tu que estás sob a proteção do Altíssimo
e moras à sombra do Onipotente,
dize ao Senhor: 'Meu refúgio,
minha fortaleza,
meu Deus, em quem confio'.
Sua fidelidade te servirá
de escudo e couraça.
Não temerás os terrores da noite,
nem a flecha que voa de dia,
nem a peste que vagueia nas trevas,
nem a epidemia que devasta
ao meio-dia" (Sl 91,1-6).

Oração final

Suplicantes, nós vos rogamos, Senhor Deus, que concedais a vossos servos a saúde do corpo e da alma. Pela intercessão gloriosa da Virgem Maria Santíssima da Cabeça, dai-nos hoje a graça de que tanto necessitamos (*fazer o pedido*). Que sejamos livres de todos os males e gozemos da eterna alegria. Por Cristo, Nosso Senhor. Amém.

Pai-Nosso, Ave-Maria e Glória-ao-Pai.
Nossa Senhora da Cabeça,
rogai por nós.

QUINTO DIA

Jesus se perde dos pais

Em nome do Pai, do Filho e do Espírito Santo. Amém.

Santa Maria, imagem perfeita de Cristo Jesus, espelho de suas virtudes, atraí sobre nós o Espírito de Deus.

Oração inicial

Virgem Santíssima, vós sois a mulher anunciada e prometida no Gênesis. Aquela que deve esmagar a cabeça da serpente e reconciliar o céu e a terra. Sois o paraíso em que o novo Adão terá de plantar sua tenda para morar entre nós. Somos convidados a praticar o bem, embora o mal nos persiga de várias formas. Precisamos de vosso auxílio e proteção, ó querida mãe. Recorremos à vossa poderosa intercessão,

certos de chegar convosco à vitória final. Amém.

Leitura bíblica

"Todos os anos, os pais de Jesus iam a Jerusalém para a festa da Páscoa. Quando completou doze anos, eles foram para a festa, como de costume. Terminados os dias de festa, enquanto voltavam, Jesus ficou em Jerusalém, sem que seus pais percebessem. Pensando que se encontrasse na caravana, caminharam por um dia inteiro. Começaram então a procurá-lo entre os parentes e conhecidos. Mas como não o encontrassem, voltaram a Jerusalém, procurando-o. Depois de três dias, o encontraram no templo, sentado entre os mestres, ouvindo-os e fazendo perguntas" (Lc 2,41-46).

Reflexão

A passagem bíblica em que Jesus se perde dos pais nos faz refletir sobre o drama das mães cujos filhos desapareceram e nunca mais deram notícias.

Louvemos a Deus

"Amo o Senhor porque escuta
o clamor da minha prece.
Pois inclinou para mim seu ouvido
no dia em que eu o invocava.
O Senhor protege os simples:
eu era fraco e ele me salvou.
Volta, minha alma, à tua paz,
pois o Senhor te fez bem;
ele me libertou da morte,
livrou meus olhos das lágrimas,
preservou de uma queda meus pés"
(Sl 116,1-2.6-8).

Oração final

Suplicantes, nós vos rogamos, Senhor Deus, que concedais a vossos servos a saúde do corpo e da alma. Pela intercessão gloriosa da Virgem Maria Santíssima da Cabeça, dai-nos hoje a graça de que tanto necessitamos (*fazer o pedido*). Que sejamos livres de todos os males e gozemos da eterna alegria. Por Cristo, Nosso Senhor. Amém.

Pai-Nosso, Ave-Maria e Glória-ao-Pai.
Nossa Senhora da Cabeça,
rogai por nós.

SEXTO DIA

Maria, na simplicidade de Nazaré

Em nome do Pai, do Filho e do Espírito Santo. Amém.

Santa Maria, imagem perfeita de Cristo Jesus, espelho de suas virtudes, atraí sobre nós o Espírito de Deus.

Oração inicial

Virgem Santíssima, vós sois a mulher anunciada e prometida no Gênesis. Aquela que deve esmagar a cabeça da serpente e reconciliar o céu e a terra. Sois o paraíso em que o novo Adão terá de plantar sua tenda para morar entre nós. Somos convidados a praticar o bem, embora o mal nos persiga de várias formas. Precisamos de vosso auxílio e proteção, ó querida mãe. Recorremos à vossa poderosa intercessão,

certos de chegar convosco à vitória final. Amém.

Leituras bíblicas

"José, depois de receber em sonho um aviso, retirou-se com Maria e Jesus para a região da Galiléia e foi morar numa cidade chamada Nazaré. Isso aconteceu para se cumprir o que foi dito pelos profetas: 'Ele será chamado nazareno'" (Mt 2,22-23).

"Jesus desceu, então, com seus pais para Nazaré e era obediente a eles. Sua mãe guardava todas estas coisas no coração. E Jesus ia crescendo em sabedoria, tamanho e graça diante de Deus e dos homens" (Lc 2,51-52).

Reflexão

A sagrada família levava uma vida de trabalho e oração, entremeada de conversas amáveis, repletas de compreensão e amor. Maria ensinou as primeiras letras a Jesus, que se preparava para assumir a sua grande missão. Como exemplo dessa família, os pais são os primeiros educadores. É fundamental transmitir aos filhos os princípios cristãos e sempre recorrer à oração: "Onde reina o amor está Deus e onde está Deus nada falta".

Louvemos a Deus

"A minha alma engrandece o Senhor,
e meu espírito se alegra em Deus,
meu Salvador,
porque ele olhou para a humildade
de sua serva.
Todas as gerações, de agora em diante,
me chamarão feliz,
porque o Poderoso fez para mim
coisas grandiosas.
O seu nome é Santo
e sua misericórdia se estende
de geração em geração
sobre aqueles que o temem"
(Lc 1,47-50).

Oração final

Suplicantes, nós vos rogamos, Senhor Deus, que concedais a vossos servos a saúde do corpo e da alma. Pela intercessão gloriosa da Virgem Maria Santíssima da Cabeça, dai-nos hoje a graça de que tanto necessitamos (*fazer o pedido*). Que sejamos livres de todos os males e gozemos da eterna alegria. Por Cristo, Nosso Senhor. Amém.

Pai-Nosso, Ave-Maria e Glória-ao-Pai.
Nossa Senhora da Cabeça,
rogai por nós.

SÉTIMO DIA

Maria continua a obra de Jesus

Em nome do Pai, do Filho e do Espírito Santo. Amém.

Santa Maria, imagem perfeita de Cristo Jesus, espelho de suas virtudes, atraí sobre nós o Espírito de Deus.

Oração inicial

Virgem Santíssima, vós sois a mulher anunciada e prometida no Gênesis. Aquela que deve esmagar a cabeça da serpente e reconciliar o céu e a terra. Sois o paraíso em que o novo Adão terá de plantar sua tenda para morar entre nós. Somos convidados a praticar o bem, embora o mal nos persiga de várias formas. Precisamos de vosso auxílio e proteção, ó querida mãe. Recorremos à vossa poderosa intercessão,

certos de chegar convosco à vitória final. Amém.

Leituras bíblicas

"Jesus percorria toda a Galiléia, ensinando nas sinagogas, anunciando a Boa-Nova do Reino e curando toda espécie de doença e enfermidade do povo" (Mt 4,23).

"Entrando na casa de Pedro, Jesus viu a sogra deste acamada, com febre. Tocou-lhe a mão, e a febre a deixou. Ela se levantou e passou a servi-lo. Ao anoitecer, levaram a Jesus muitos possessos. Ele expulsou os espíritos pela palavra e curou todos os doentes. Assim se cumpriu o que foi dito pelo profeta Isaías: 'Ele assumiu as nossas dores e carregou as nossas enfermidades'" (Mt 8,14-17).

Reflexão

Para enfrentarmos as dificuldades apresentadas no dia-a-dia, Deus nos enviou seu Filho com a missão de nos devolver a alegria de viver, aliviando as dores e curando as enfermidades. Ele segue o exemplo de sua mãe, a Virgem Maria, que socorre seus filhos. Em seus santuários, multiplicam-se os testemunhos dos milagres e prodígios operados por sua intercessão.

Louvemos a Deus

"Senhor Deus, meu salvador,
diante de ti clamei dia e noite.
Chegue à tua presença minha oração,
presta atenção ao meu lamento.
Pois estou saturado de desgraças,
minha vida está perto do túmulo.
O dia todo te chamo, Senhor,
para ti estendo minhas mãos"
(Sl 88,2-4.10).

Oração final

Suplicantes, nós vos rogamos, Senhor Deus, que concedais a vossos servos a saúde do corpo e da alma. Pela intercessão gloriosa da Virgem Maria Santíssima da Cabeça, dai-nos hoje a graça de que tanto necessitamos (*fazer o pedido*). Que sejamos livres de todos os males e gozemos da eterna alegria. Por Cristo, Nosso Senhor. Amém.

Pai-Nosso, Ave-Maria e Glória-ao-Pai.
Nossa Senhora da Cabeça,
rogai por nós.

OITAVO DIA

Maria e a Eucaristia

Em nome do Pai, do Filho e do Espírito Santo. Amém.

Santa Maria, imagem perfeita de Cristo Jesus, espelho de suas virtudes, atraí sobre nós o Espírito de Deus.

Oração inicial

Virgem Santíssima, vós sois a mulher anunciada e prometida no Gênesis. Aquela que deve esmagar a cabeça da serpente e reconciliar o céu e a terra. Sois o paraíso em que o novo Adão terá de plantar sua tenda para morar entre nós. Somos convidados a praticar o bem, embora o mal nos persiga de várias formas. Precisamos de vosso auxílio e proteção, ó querida mãe. Recorremos à vossa poderosa intercessão,

certos de chegar convosco à vitória final. Amém.

Leituras bíblicas

"E a Palavra se fez carne e veio morar entre nós" (Jo 1,14).

"O anjo, então, disse: 'Não tenhas medo, Maria! Encontraste graça junto a Deus. Conceberás e darás à luz um filho, e lhe porás o nome de Jesus'"(Lc 1,30-31).

Eu sou o pão da vida. Quem vem a mim não terá mais fome, e quem crê em mim nunca mais terá sede. [...] Esta é a vontade de meu Pai: quem vê o Filho e nele crê tenha a vida eterna. E eu o ressuscitarei no último dia'" (Jo 6,35-40).

"Depois que sentou à mesa com eles, tomou o pão, pronunciou a bênção, partiu-o e deu a eles. Neste momento, seus olhos se abriram, e eles o reconheceram" (Lc 24,30-31).

Reflexão

Jesus, o Verbo de Deus, encarnou-se por obra do Espírito Santo no seio puríssimo da Virgem Maria. Quando comungamos, são-nos oferecidos o corpo e o sangue de seu Filho. Alimentamo-nos com o pão descido do céu, semente de vida eterna.

Louvemos a Deus

"Com amor te adoro, divindade escondida,
sob estes véus verdadeiramente presente.
Diante de ti, vibro com suspiros de amor e,
contemplando-te, sinto falhar o meu coração.
Ó memorial da morte do Senhor,
pão vivo que dás a vida
a todo homem,

doa à minha alma viver só por ti
e saborear sempre tua doçura.
Jesus, agora te contemplo
sob os véus.
Suplico-te que se cumpra esta ânsia:
que eu possa contemplar
o teu rosto descoberto
e estabelecer-me, satisfeito,
na tua glória. Amém."[1]

Oração final

Suplicantes, nós vos rogamos, Senhor Deus, que concedais a vossos servos a saúde do corpo e da alma. Pela intercessão gloriosa da Virgem Maria Santíssima da Cabeça, dai-nos hoje a graça de que tanto necessitamos (*fazer o pedido*). Que sejamos livres de todos os males e

---

[1] Canto gregorianao 3 (em latim): *Adoro devote* – COMEP – CD 6481-5.

gozemos da eterna alegria. Por Cristo, Nosso Senhor. Amém.

Pai-Nosso, Ave-Maria e Glória-ao-Pai.
Nossa Senhora da Cabeça,
rogai por nós.

NONO DIA

Maria, nossa mãe!

Em nome do Pai, do Filho e do Espírito Santo. Amém.

Santa Maria, imagem perfeita de Cristo Jesus, espelho de suas virtudes, atraí sobre nós o Espírito de Deus.

Oração inicial

Virgem Santíssima, vós sois a mulher anunciada e prometida no Gênesis. Aquela que deve esmagar a cabeça da serpente e reconciliar o céu e a terra. Sois o paraíso em que o novo Adão terá de plantar sua tenda para morar entre nós. Somos convidados a praticar o bem, embora o mal nos persiga de várias formas. Precisamos de vosso auxílio e proteção, ó querida mãe. Recorremos à vossa poderosa intercessão,

certos de chegar convosco à vitória final. Amém.

Leituras bíblicas

"Assim Jesus falou e, elevando os olhos ao céu, disse: 'Pai, chegou a hora. Glorifica teu filho, para que teu filho te glorifique, assim como deste a ele poder sobre todos, a fim de que dê vida eterna a todos os que lhe deste [...]. Eu te glorifiquei na terra, realizando a obra que me deste para fazer. E agora, Pai, glorifica-me junto de ti mesmo, com a glória que eu tinha junto de ti, antes que o mundo existisse'" (Jo 17,1-5).

"Apareceu no céu um grande sinal: uma mulher vestida com o sol, tendo a lua debaixo dos pés e, sobre a cabeça, uma coroa de doze estrelas" (Ap 12,1).

Reflexão

Como Jesus, Maria sempre e humildemente se submeteu à vontade de Deus e cumpriu sua missão. Foi elevada aos céus, em corpo e alma, e tornou-se Rainha dos Anjos e de todos nós.

Louvemos a Deus

"Nós te damos graças,
Senhor Deus, Todo-poderoso,
Aquele 'que é e que era',
porque assumiste o teu grande poder
e começaste a reinar" (Ap 11,17).

"Grandes e admiráveis são
as tuas obras,
Senhor Deus, Todo-poderoso!
Justos e verdadeiros são
os teus caminhos,
ó Rei das nações!

Quem não temeria, Senhor,
e não glorificaria o teu nome?
Só tu és santo!" (Ap 15,3-4).

Oração final

Suplicantes, nós vos rogamos, Senhor Deus, que concedais a vossos servos a saúde do corpo e da alma. Pela intercessão gloriosa da Virgem Maria Santíssima da Cabeça, dai-nos hoje a graça de que tanto necessitamos (*fazer o pedido*). Que sejamos livres de todos os males e gozemos da eterna alegria. Por Cristo, Nosso Senhor. Amém.

Pai-Nosso, Ave-Maria e Glória-ao-Pai.
Nossa Senhora da Cabeça,
rogai por nós.

NOSSAS DEVOÇÕES
(Origem das novenas)

De onde vem a prática católica das novenas? Entre outras, podemos dar duas respostas: uma histórica, outra alegórica.

Historicamente, na Bíblia, no início do livro dos Atos dos Apóstolos, lê-se que, passados quarenta dias de sua morte na Cruz e de sua ressurreição, Jesus subiu aos céus, prometendo aos discípulos que enviaria o Espírito Santo, que lhes foi comunicado no dia de Pentecostes.

Entre a ascensão de Jesus ao céu e a descida do Espírito Santo, passaram-se nove dias. A comunidade cristã ficou reunida em torno de Maria, de algumas mulheres e dos apóstolos. Foi a primeira novena cristã. Hoje, ainda a repetimos todos os anos, orando, de modo especial, pela unidade dos cristãos. É o padrão de todas as outras novenas.

A novena é uma série de nove dias seguidos em que louvamos a Deus por suas maravilhas, em particular, pelos santos, por cuja intercessão nos são distribuídos tantos dons.

Alegoricamente, a novena é antes de tudo um ato de louvor ao Pai, ao Filho e ao Espírito Santo, Deus três vezes Santo. Três é número perfeito. Três vezes três, nove. A novena é louvor perfeito à Trindade. A prática de nove dias de oração, louvor e súplica confirma de maneira extraordinária nossa fé em Deus que nos salva, por intermédio de Jesus, de Maria e dos santos.

O Concílio Vaticano II afirma: "Assim como a comunhão cristã entre os que caminham na terra nos aproxima mais de Cristo, também o convívio com os santos nos une a Cristo, fonte e cabeça de que provêm todas as graças e a própria vida do povo de Deus" (*Lumen Gentium*, 50).

Nossas Devoções procuram alimentar o convívio com Jesus, Maria e os santos, para nos tornarmos cada dia mais próximos de Cristo, que nos enriqueça com os dons do Espírito e com todas as graças de que necessitamos.

Francisco Catão

Coleção Nossas Devoções

- *Dulce dos Pobres: novena e biografia* – Marina Mendonça
- *Francisco de Paula Victor: história e novena* – Aparecida Matilde Alves
- *Frei Galvão: novena e história* – Pe. Paulo Saraiva
- *Imaculada Conceição* – Francisco Catão
- *Jesus, Senhor da vida: dezoito orações de cura* – Francisco Catão
- *João Paulo II: novena, história e orações* – Aparecida Matilde Alves
- *João XXIII: biografia e novena* – Marina Mendonça
- *Maria, Mãe de Jesus e Mãe da Humanidade: novena e coroação de Nossa Senhora* – Aparecida Matilde Alves
- *Menino Jesus de Praga: história e novena* – Giovanni Marques Santos
- *Nhá Chica: Bem-aventurada Francisca de Paula de Jesus* – Aparecida Matilde Alves
- *Nossa Senhora Aparecida: história e novena* – Maria Belém
- *Nossa Senhora da Cabeça: história e novena* – Mario Basacchi
- *Nossa Senhora da Luz: novena e história* – Maria Belém
- *Nossa Senhora da Penha: novena e história* – Maria Belém
- *Nossa Senhora da Salete: história e novena* – Aparecida Matilde Alves
- *Nossa Senhora das Graças ou Medalha Milagrosa: novena e origem da devoção* – Mario Basacchi
- *Nossa Senhora de Caravaggio: história e novena* – Leomar A. Brustolin e Volmir Comparin
- *Nossa Senhora de Fátima: novena* – Tarcila Tommasi
- *Nossa Senhora de Guadalupe: novena e história das aparições a São Juan Diego* – Maria Belém
- *Nossa Senhora de Nazaré: novena e história* – Maria Belém
- *Nossa Senhora Desatadora dos Nós: história e novena* – Frei Zeca
- *Nossa Senhora do Bom Parto: novena e reflexões bíblicas* – Mario Basacchi
- *Nossa Senhora do Carmo: novena e história* – Maria Belém
- *Nossa Senhora do Desterro: história e novena* – Celina Helena Weschenfelder
- *Nossa Senhora do Perpétuo Socorro: história e novena* – Mario Basacchi
- *Nossa Senhora Rainha da Paz: história e novena* – Celina Helena Weschenfelder
- *Novena à Divina Misericórdia* – Tarcila Tommasi

- *Novena das Rosas: história e novena de Santa Teresinha do Menino Jesus* – Aparecida Matilde Alves
- *Novena em honra ao Senhor Bom Jesus* – José Ricardo Zonta
- *Ofício da Imaculada Conceição: orações, hinos e reflexões* – Cristóvão Dworak
- *Orações do cristão: preces diárias* – Celina Helena Weschenfelder
- *Os Anjos de Deus: novena* – Francisco Catão
- *Padre Pio: novena e história* – Maria Belém
- *Paulo, homem de Deus: novena de São Paulo Apóstolo* – Francisco Catão
- *Reunidos pela força do Espírito Santo: novena de Pentecostes* – Tarcila Tommasi
- *Rosário dos enfermos* – Aparecida Matilde Alves
- *Rosário por uma transformação espiritual e psicológica* – Gustavo E. Jamut
- *Sagrada Face: história, novena e devocionário* – Giovanni Marques Santos
- *Sagrada Família: novena* – Pe. Paulo Saraiva
- *Sant'Ana: novena e história* – Maria Belém
- *Santa Cecília: novena e história* – Frei Zeca
- *Santa Edwiges: novena e biografia* – J. Alves
- *Santa Filomena: história e novena* – Mario Basacchi
- *Santa Gemma Galgani: história e novena* – José Ricardo Zonta
- *Santa Joana d'Arc: novena e biografia* – Francisco de Castro
- *Santa Luzia: novena e biografia* – J. Alves
- *Santa Maria Goretti: história e novena* – José Ricardo Zonta
- *Santa Paulina: novena e biografia* – J. Alves
- *Santa Rita de Cássia: novena e biografia* – J. Alves
- *Santa Teresa de Calcutá: biografia e novena* – Celina Helena Weschenfelder
- *Santa Teresinha do Menino: novena e biografia* – Jesus Mario Basacchi
- *Santo Afonso de Ligório: novena e biografia* – Mario Basacchi
- *Santo Antônio: novena, trezena e responsório* – Mario Basacchi
- *Santo Expedito: novena e dados biográficos* – Francisco Catão
- *Santo Onofre: história e novena* – Tarcila Tommasi
- *São Benedito: novena e biografia* – J. Alves

- *São Bento: história e novena* – Francisco Catão
- *São Brás: história e novena* – Celina Helena Weschenfelder
- *São Cosme e São Damião: biografia e novena* – Mario Basacchi
- *São Cristóvão: história e novena* – Mário José Neto
- *São Francisco de Assis: novena e biografia* – Mario Basacchi
- *São Francisco Xavier: novena e biografia* – Gabriel Guarnieri
- *São Geraldo Majela: novena e biografia* – J. Alves
- *São Guido Maria Conforti: novena e biografia* – Gabriel Guarnieri
- *São José: história e novena* – Aparecida Matilde Alves
- *São Judas Tadeu: história e novena* – Maria Belém
- *São Marcelino Champagnat: novena e biografia* – Ir. Egídio Luiz Setti
- *São Miguel Arcanjo: novena* – Francisco Catão
- *São Pedro, Apóstolo: novena e biografia* – Maria Belém
- *São Peregrino Laziosi* – Tarcila Tommasi
- *São Roque: novena e biografia* – Roseane Gomes Barbosa
- *São Sebastião: novena e biografia* – Mario Basacchi
- *São Tarcísio: novena e biografia* – Frei Zeca
- *São Vito, mártir: história e novena* – Mario Basacchi
- *Senhora da Piedade: setenário das dores de Maria* – Aparecida Matilde Alves
- *Tiago Alberione: novena e biografia* – Maria Belém

Rua Dona Inácia Uchoa, 62
04110-020 – São Paulo – SP (Brasil)
Tel.: (11) 2125-3500
http://www.paulinas.com.br – editora@paulinas.com.br
Telemarketing e SAC: 0800-7010081